Roberto Saviano

Das Gegenteil von Tod

Aus dem Italienischen
von Friederike Hausmann
und Rita Seuß

Carl Hanser Verlag

Die italienische Originalausgabe erschien 2007
unter dem Titel *Il contrario della morte. Ritorno da Kabul*
in der Reihe »I Documenti del Corriere della Sera«
in Mailand.
Der zweite Text erschien 2007 unter dem Titel
Ragazzi di coca e di camorra in *L'espresso*.

»Das Gegenteil von Tod« wurde von Friederike Hausmann
übersetzt, »Der Ring« von Rita Seuß.

2 3 4 5   13 12 11 10 09

ISBN 978-3-446-23335-5
© Roberto Saviano 2007
Published by arrangement
with Roberto Santachiara Agenzia Letteraria
Alle Rechte der deutschen Ausgabe
© Carl Hanser Verlag München 2009
Satz: Satz für Satz. Barbara Reischmann, Leutkirch
Druck und Bindung: CPI – Ebner & Spiegel, Ulm
Printed in Germany

Für Vincenzo und Pietro
Die Erde möge ihnen leicht sein

Du weinst nur, wenn es niemand sieht
Und schreist nur, wenn es niemand hört.
Aber es ist kein Wasser, das Blut in den Adern
Carmela Carmè
Wenn die Liebe das Gegenteil von Tod ist …

Sergio Bruni

Wenn ihr unbedingt Blut braucht,
dann gebt doch eures, wenn es euch Spaß macht.

Boris Vian

Das Gegenteil von Tod

Maria schließt die Augen und versucht, sich Afghanistan vorzustellen.

»Ich stelle es mir als einen Ort mit viel Sand vor. Voller schneebedeckter Berge. Sand und Schnee. Sand und Schnee passen irgendwie nicht zusammen, nicht einmal in Träumen. Aber ich habe immer Staub gesehen, Sand und Wind, der über die Märkte fegt, genau wie bei uns über die Strände. Und in der Ferne auf den Bergspitzen Schnee. Und Turbane, viele Bärte. Und die Kleider, unter denen man unsichtbar wird, die fand ich sogar schön. Schön zum Anziehen, wenn du nicht gesehen werden willst, als wärest du aus Stoff. Manchmal würde ich sie gern hier anziehen, wenn alle mein Gesicht anstarren. Wenn ich lächle, lächle ich zuviel und habe ihn schon vergessen, wenn mir die Tränen in den Augen stehen, sagen sie, ich soll aufhören, denn Weinen bringt ihn mir nicht zurück, wenn ich gar keine Gefühle zeige, heißt es gleich: Sie ist verrückt geworden vor Schmerz. Dann würde ich mich am liebsten unter diesen blauen Glocken verstecken, unter so einer Burka.«

Maria sucht nach den Bildern, die ihr in all diesen Tagen durch den Kopf gegangen sind, um sie mir zu schildern. Das tut sie zum erstenmal einem Fremden gegenüber. Vielleicht aber bin nur ich es, der sich als Fremder fühlt, und sie hat mich schon bei der Beerdigung in der Kirche gesehen, oder vielleicht erinnert sie sich daran, dass ich früher in diese Gegend kam, um Fußball zu spielen oder mich in der Sporthalle wie ein Boxer an einem Sack auszutoben. Sie erzählt mir von einem Land, das sie nie gesehen hat, aber es ist, als ob sie jedes Foto aus dem Fernsehen und aus den Zeitungen in- und auswendig kennen würde, als hätte sie ihr Auge darauf trainiert, hinter den Berichterstattern aus Kabul oder in den Fotoreportagen der Frauenzeitschriften jedes Detail genau zu registrieren.

Von Afghanistan spricht Maria täglich, öfter als von ihrer Heimatstadt. Sie hat es vor sich, andauernd. Ein merkwürdiger Name, schwer auszusprechen, im Dialekt verstümmelt zu Affànistan, Afgrànistan, Afgà. Bei diesem Wort denkt hier zunächst niemand an Bin Laden oder die Taliban, sondern jeder an den Afghanen, das absolut beste Haschisch, das hier in Barren ankam, in Garagen gelagert wurde und jahrelang der Renner auf dem hiesigen Drogenmarkt war.

Maria ist wie besessen von Afghanistan. Eine Besessenheit, die sie sich nicht ausgesucht hat. Sie hatte sie plötzlich in sich wie eine Neurose, wie eine Wunde. Niemand, der ihr nahesteht, nimmt je Worte in den Mund, deren Klang auch nur von ferne an Afghanistan erinnern. Als genüge der pure Klang, um ihren Schmerz wiederaufleben zu lassen und sie wieder einmal daran zu erinnern, wo er herkommt, als ob sie dieses Afghanistan je auch nur einen Augenblick lang vergessen könnte. Maria bemerkt derartige nutzlose Feinfühligkeiten. Anfangs war ihr das unangenehm, so wie einem Männer unangenehm sind, die übertrieben zuvorkommend die Tür öffnen oder sich entschuldigen, weil sie ein Wort aussprechen, das sich für weibliche Ohren nicht schickt. Gespielte Höflichkeit, die eher den Takt und die geschliffenen Manieren des edlen Verführers erkennen lassen als wirkliches Interesse an der Person.

Maria kann nicht vergessen. Sie kann nicht nicht daran denken. Es ist noch nicht lange her, aber sie kann nicht einmal einen Nachmittag verbringen, ohne dass ihr durch den Kopf geht, was geschehen ist, wie es geschehen ist, und dann fragt sie sich, ob es vermeidbar war. Sie stellt sich diese Frage, wie man es nie tun sollte. Hierzulande wird man dazu erzogen, alles, was geschieht, als unvermeidlich zu betrachten. Das hat nichts zu tun mit dem überlieferten Fatalismus, der mit offenen Armen und gebeugtem Knie alles akzeptiert. Hier trainiert man täglich, alles so zu nehmen, wie es kommt, und das führt zu einer zupackenderen Haltung. Wenn es passiert ist, musst du daraus einen Gewinn ziehen, und es ist diese Haltung, die verhindert zu verstehen. Zu verstehen, wie die Dinge laufen, wie sie vermieden werden können, woher sie kommen. Als ob man jeden Tag als den schlechtestmöglichen betrachten, aber aus jedem einen Gewinn zu ziehen versuchen würde. Einen jämmerlichen Vorteil herausschlagen, weil das Schicksal gerade nicht aufpasst und die Lawine, die auf dich zurast, einen Augenblick innehält.

In Marias Umgebung fragt sich niemand, wie und warum es geschehen ist. Alles geschieht, weil es geschehen muss. Ertrag es und hol aus dem, was du erträgst, möglichst viel heraus. Aus dem, was du abbekommst, musst du machen, was du kannst, aber du wirst nie entscheiden können, welches Almosen

14

dem Unglück abverlangt werden kann, was dir zusteht und warum. Wut und Schmerz entstehen dann, wenn du merkst, dass du keinerlei Gewinn daraus ziehen kannst.

Maria dagegen ist von Fragen gemartert. Sie stellt sie den Soldaten, die mit Gaetano in Kabul waren und schon lange wieder zurück sind, jedem, der heimkommt, und sei es nur auf Urlaub. Jedem, der aus dem letzten Krieg heimkehrt. Es gelingt ihr, die Fragen in den Strauß höflicher Floskeln zu stecken, den man ihr überreicht, ihr, der Witwe, der jungen Braut, die es nicht bis zum Altar geschafft hat. Hier im Ort gibt es viele Heimkehrer aus vielen Kriegen, aus allen letzten Kriegen. Die letzten Kriege, die man nicht mehr Kämpfe oder Konflikte nennt, sondern Missionen. Friedensmissionen. In dieser Gegend aber sprechen die Verwandten, die jungen Leute, die Freundinnen, die Geschwister alle nur vom »letzten Krieg«. Der letzte Krieg verdrängt die vorangegangenen. Der letzte Krieg war bis vor wenigen Monaten der Irakkrieg, lange Zeit war es der Bosnienkrieg. Für die Leute hier findet der letzte Krieg in Afghanistan statt. Die von Casavatore bis Villaricca dagegen waren alle in Nassirya; für andere Orte weiter im Hinterland ist jetzt der letzte Krieg gerade im Libanon, wohin die Soldaten vor einigen

Monaten abkommandiert worden sind. Über sie spricht man nicht. Dort wird nicht geschossen, es gibt keine Demonstrationen, keine Live-Übertragungen, in denen die Soldaten umsonst mit ihren Familien telefonieren und die Frauen zeigen können, wie groß ihr Bauch seit der Abreise der Männer geworden ist. So speisen sich die Vorstellungen aus JPG-Bildern, die die Soldaten per E-Mail von der Front schicken, um sie vom Speicherchip ihrer Fotoapparate zu löschen und zu sichern. Ihre Verlobten und die Familien sollen sehen, wo sie arbeiten, wie sie leben.

Die Zeitungen interessieren sich nicht für Fotos vom Alltagsleben an der Front. Patrouille fahren, Kinder im Arm halten, lässig auf den Panzerfahrzeugen posieren, mit Sonnenbrille und Maschinengewehr. Alles tausendmal gesehen oder einfach alltäglich in Kriegen, die für niemanden alltäglich sein sollen. Videos dagegen sind gesucht, aber nur wenn ein Soldat auf einen Verwundeten schießt, wenn er seine Wut über den Feind herausschreit und die »Rules of Engagement« verletzt, oder wenn er auf den Feind trifft und gefilmt wird, wie er krepiert.

Kinder aus der Gegend hier, die in Neapel zur Schule gehen oder in Rom oder Turin, weil ihre Väter in andere Kasernen verlegt werden und die Fa-

16

milie nachzieht, begreifen nicht, wenn die Lehrerin nach dem letzten Krieg fragt. Sie denken an den Krieg, in dem ihre Väter waren oder ihre Brüder gerade sind, und versuchen verzweifelt, sich daran zu erinnern, ob das wirklich der letzte ist, und zu kapieren, ob das gemeint war. Und dann antworten sie: »Der letzte Krieg war im Kosovo 1999, mein Vater war dort«, oder aber: »Der letzte Krieg ist jetzt in Afghanistan.« Meist fangen alle in der Klasse prustend zu lachen an, weil die Frage nach dem letzten Krieg doch wirklich die einfachste der Welt ist. Ganz anders, als wenn nach dem Dreibund gefragt worden wäre oder nach dem Datum des Waffenstillstandes am Ende des Ersten Weltkriegs. Nur nach dem letzten Krieg, einfacher geht's nicht. Wer das nicht weiß, ist wirklich ein Trottel.

Für die Kinder aus meiner Gegend liegen zwischen dem letzten Krieg, den sie kennen, und dem, der in der Schule der letzte genannt wird, viele Schichten anderer Kriege. In dem am weitesten zurückliegenden, an den sie sich erinnern können, gab es keine Nazi-Uniformen und keine Helme der Befreier, sondern es war der Einsatz des italienischen Kontingents Italcon im Libanon 1982. Aber davon wissen sie nicht aus Geschichtsbüchern, niemand würde es einfallen, darüber etwas nachlesen zu wollen; daran erinnern vielmehr die Männer in der Bar, sie erzählen davon, wenn sie darüber fluchen, dass die Bank ihre Hypothekenschulden nicht stundet, oder während sie gerade den neuen Kalender des italienischen Heeres durchblättern, den sie jedes Jahr zugeschickt bekommen.

Wenn von »Kriegsheimkehrern« oder dem »letzten Krieg« die Rede ist, dann denkt man überall in Italien an die ergrauten Köpfe ehemaliger Partisanen. Hier dagegen wimmelt es von blutjungen Kriegsheimkehrern. Heimkehrern, die ungeduldig darauf warten, wieder aufbrechen zu können, und Heimkehrern, die alles, was sie von ihrem Sold gespart haben, in den Kauf einer Bar investieren. Oder mit ihren ehemaligen Kameraden ein Restaurant eröffnen, das nach der ersten Zeit, in der für die aufwendige Inneneinrichtung und einen guten Koch alle Reserven aufgebraucht wurden, fast immer schlecht läuft. Deshalb muss man wieder in irgendeinen Krieg ziehen, wenn man noch jung genug ist, wenn man nicht voreilig den Dienst quittiert und die Kontakte verloren hat, die notwendig sind, um schnell wieder an eine Front geschickt zu werden. Kriegsheimkehrer sind auch überall da, wo in Italien ein Leibwächter gebraucht wird, denn wenn man einen Lebensmittelkonvoi begleitet und gegen die

Untergrundkämpfer der UCK oder die Truppen von Aidid geschützt hat, dann kann man auch Bodyguard für einen Staatssekretär oder einen Kronzeugen werden, ohne jede Nacht Alpträume zu haben, in denen alles in die Luft gejagt wird.

Die meisten Soldaten für die Missionen stammen aus dem Süden. Mehr als die Hälfte der italienischen Gefallenen ebenfalls. Die Gegend hier ist voller Kriegsheimkehrer. Soldaten, die in Bosnien waren und vorher noch in Mosambik, im Kosovo, in Somalia, im Irak, solche, die schon im Libanon waren oder auf ihren Einsatz dort warten. Soldaten, von denen nur ihr Körper heimgekehrt ist, verbrannt, verstümmelt, zerstückelt.

Überall gibt es hier Soldaten. Fallschirmjäger der Folgore, Bersaglieri der Brigade Garibaldi, Fallschirmjäger des Regiments Tuscania, dann die Gebirgsjäger, das Bataillon San Marco und die Brigade Sassari. Es gibt fast niemanden hier, der nicht wenigstens einmal mit dem Gedanken gespielt hat, sich zu verpflichten. Mit einer einzigen Niere geboren zu sein oder mit einem Klumpfuß, an Retinitis pigmentosa zu leiden, die zur Erblindung führt, das sind die einzigen Hindernisse, die vom freiwilligen Eintritt ins Heer abhalten können. Und auch in solchen Fällen bewirbt man sich trotzdem. Einen Ver-

such ist es wert, sollen die Militärärzte doch entdek-
ken, was nicht stimmt. Vielleicht passt der Arzt gerade nicht auf, vielleicht ist er blind oder taub. Hier
würden am liebsten auch die Einbeinigen zum Militär gehen. Früher, solange es den Wehrdienst gab,
wollten Tausende von jungen Männern davon be-
freit werden; sie litten an vorgeblichen Analfisteln
oder verschafften sich für teures Geld eine Probe
mit Blut im Urin, weil sie damit sicher nicht genommen wurden. Das ist vorbei, seit »Militär« Arbeit
und Lohn bedeutet.

Hierzulande ist für die Bewerbungen eine Kaserne vor dem Königspalast von Caserta zuständig.
Weil die Parkplätze von Touristen in Beschlag genommen sind, müssen die vielen Anwärter ihre
Autos weit entfernt abstellen, um sich dann, ausgerüstet mit Decken und Kaffee in Thermoskannen,
schon nachts anzustellen, damit sie am Morgen als
erste ihre Unterlagen abgeben können. Die Freiwilligen sind nicht glücklich darüber, dass der allge-
meine Wehrdienst abgeschafft wurde, denn früher
konnte man bei der Musterung leichter durchrut-
schen. Meist waren die Wehrdienstverweigerer linke
Studenten, die es sich leisten konnten, ein Jahr lang
nichts zu verdienen. Für alle anderen bedeutete es,
eine Chance zu vertun und den Lohn für ein ganzes

Jahr zu verlieren, denn während des Wehrdienstes konnte man herausfinden, ob das Leben in der Kaserne und in Uniform vielleicht besser war als das auf der Baustelle, in der Werkstatt, in den Lastern auf den Straßen halb Europas oder hinter dem Tresen einer Bar.

Alle Verwandten von Maria sind zum Militär gegangen oder haben es wenigstens versucht, und Maria kennt all die Verlobten und Ehefrauen der Kriegsheimkehrer. Der Umgang mit ihren Altersgenossinnen bringt es zwangsläufig mit sich.

»Sie können nicht anders, sie müssen immer komische Sachen fragen, zum Beispiel, woher man wissen kann, ob der Ehemann an einen gefährlichen Ort geschickt wird, oder was sie dir sagen, bevor sie dir sagen, dass er tot ist. Sie wollen vorbauen und informiert sein, damit sie gerüstet sind, sie wollen von einer Freundin lernen, der das Unglück widerfahren ist, als wäre es eine Art Impfung, um schnell zu begreifen oder es doch noch abzuwenden. Alle meine Freundinnen, deren Männer im Krieg sind, wollen, dass ich meine Geschichte erzähle. Ich erzähle sie dann doch immer, und dann wollen sie sie noch einmal hören und dann noch einmal. ›Schütt dein Herz aus!‹ sagen sie zu mir, aber in Wirklichkeit wollen sie alles bis ins kleinste Detail wissen.

Und je mehr sie mir zuhören, je länger sie mich anschauen, desto mehr haben sie Angst, dass es ihnen gehen wird wie mir. Dann versuchen sie alles zu verstehen, und ich stelle mir vor, wie sie zu Hause gleich eine E-Mail an ihre Männer schreiben und ihnen sagen, sie sollen es nicht genauso machen wie Gaetano.«

Maria scheint eine Weisheit erlangt zu haben, die nicht zu ihrem Alter passt. Irgendwoher muss sie sie genommen haben, aus der Verdichtung der scheinbar gleichmäßig verrinnenden Zeit, in der die Minuten für ihr Alter zu schnell vergehen, aneinanderstoßen und sich in ihr Leben drängen, das nicht mehr den Rhythmus hat, den es haben sollte.

»Sie kapieren nicht, dass das nicht Dinge sind, die sie selbst entscheiden können. Wo man die Soldaten hinschickt, was sie tun. Sie erhalten Befehle. Und sie können nicht über ihr Leben bestimmen. Wie soll ich das den Frauen sagen? Sie glauben, wenn sie mir genau zuhören, könnten sie ihre Männer retten, und warum sollte ich sie nicht in dem Glauben lassen?«

Maria knetet ihre schweißnassen Hände. Wir beschließen, einen Spaziergang durch den Ort zu machen, niemand achtet auf uns. Oder vielmehr sind alle daran gewöhnt, Maria immer in Begleitung von jemanden zu sehen, der die Fürsorge der Familie als

22

Trost ergänzt. Sie sieht aus wie ein kleines Mädchen,
vor allem hat sie winzige Füße. Die Schuhe, die
sie trägt, hat sie bestimmt in einem Kinderschuh-
geschäft gekauft: eine Größe, die man in einem Geschäft für Erwachsene nicht findet. Sie sehen auch
aus wie Puppenschühchen mit ihren vier Ösen
auf dem Spann. Das offene Haar wird von zwei
Klämmerchen an den Schläfen gehalten, damit es
ihr nicht ins Gesicht fällt. Ihre Stupsnase sieht aus
wie ein Blümchen zwischen den Wangenknochen.
Sie trägt schwarze Strümpfe, einen schwarzen Pulli
und eine schwarze Jacke. Die Augen in ihrem un-
geschminkten Gesicht wirken fast orientalisch, vielleicht weil sie so gut zu ihrem zarten Körperbau
passen, der wirkt wie aus Porzellan. Sie hat schon
die maskenhaften Züge einer Witwe. Als wäre sie
das wundersam jugendliche Abbild ihrer Großmütter oder ihrer Mutter. So ganz schwarz gekleidet kommt sie einem, vor allem wenn sie auch noch
ein schwarzes Kopftuch umbindet, fast ein bisschen
lächerlich vor, als würde sie einem etwas vorspielen.
Wie kleine Mädchen, die sich vor dem Spiegel die
Schuhe ihrer Mütter anziehen, in denen ihre kleinen
Füße schwimmen, und große Ketten umlegen, die
ihnen bis zum Bauchnabel reichen. So scheint Maria eine Karikatur ihrer Großmütter zu sein, die

immer Trauerkleidung tragen. Sie und alle Frauen ihrer Familie sind schon seit Monaten schwarz gekleidet. Bald wird es ein Jahr her sein. Trauer, die nicht vergeht. Trauer um Gaetano und um andere junge Männer, die in der Zwischenzeit umgekommen, getötet worden, verreckt sind. Alle nehmen an der Trauer teil, Nachbarn, Freunde, Onkel und Tanten, entfernte Cousins und Cousinen. In meinem Geburtsort trugen alle Freundinnen meiner Tante immer Schwarz, denn es gab immer einen jungen Mann, der umgebracht worden war, einen entfernten Verwandten, der von einem Gerüst gestürzt war, immer musste man einer Familie, die einen Angehörigen verloren hatte, Respekt erweisen. Und wenn es keinen Trauerfall gab, trug man trotzdem Schwarz, denn es würde sicher bald wieder einen geben. Deshalb war es besser, die Trauerkleidung gar nicht abzulegen. Wenn jemand stirbt, der schon sechzig oder älter war, und wenn jemand an einer Krankheit stirbt, dann tragen nur die engsten Verwandten Trauer, wenn aber ein junger Mensch stirbt, dann trauern alle mit. Als wäre es eine Last, die man teilt, oder ein Unglück, dem man nicht entrinnt.

Wenn bei uns jemand im Krieg fällt, tragen alle Leute im Haus Schwarz. Als Kind habe ich mich immer auf Taufen und auf Weihnachten gefreut,

24

denn dann legten die Frauen zu Hause die dunkle Kleidung ab. Für eine Taufe mussten sie eine andere Farbe wählen, und an Weihnachten musste es Rot sein. Aber meine Tante mochte das nicht, sie war so an Schwarz gewöhnt, dass sie trotzdem dunkle Sachen trug, sie fand, etwas Farbiges stehe ihr nicht. Eines Tages protestierte ich: »Auch an Weihnachten Schwarz, verdammt, wer ist denn gestorben?«

»Niemand, siehst du nicht, dass das Dunkelblau ist?«

Maria bittet mich in ihr Zimmer. Es sieht so aus, wie ich es mir vorgestellt hatte. Poster, riesige Plüschtiere, und in der Vitrine ist eine Barbie-Puppe, ein Sammlerexemplar nur zum Herzeigen, mit dem sie sicher nie spielen durfte. Dieses Zimmer wollte Maria verlassen und als verheiratete Frau in eine richtige Wohnung ziehen, doch jetzt muss sie als Witwe hierbleiben. Über dem Computer hängt eines der Reliefbildchen, wie man sie in der Via San Gregorio degli Armeni in Neapel kaufen kann. Abgebildet ist der Golf von Neapel, beleuchtet von Lämpchen, die die glühende Lava darstellen sollen. Dieser kleine Gegenstand gibt dem abgegriffenen Postkartenmotiv einen eigenen Reiz. Neapel scheint von diesem Vorort aus unendlich weit entfernt zu sein. Ich frage nach dem Computer. Wie ich erwartet hatte, hat Maria ihn gekauft, als Gaetano nach Afghanistan ging.

»Wir hatten eine gemeinsame E-Mail-Adresse, das Passwort kannten nur wir beide. Gaetano war eifersüchtig, er hatte Angst, dass ich jemand schreibe, den ich beim Chatten kennenlernte. Aber ich habe den Chatroom nur benutzt, um mit ihm zu sprechen, mit ihm und sonst mit niemand.«

Vielleicht sagt Maria nicht die Wahrheit, aber sie tut gut daran. Hier haben alle jungen Frauen einen Computer gekauft, sobald ihre Verlobten in den Krieg zogen. Sie mailen oder chatten, wenn beide online sind. Sie können umsonst oder fast umsonst miteinander kommunizieren. Seit die Stützpunkte der Missionen mit der entsprechenden Kommunikationstechnologie ausgerüstet sind, werden bei uns immer mehr Verträge für Internet und DSL abgeschlossen. Der Techniker, der in dieser Gegend die Anschlüsse für den Provider Fastweb installiert, war in Somalia und hat seine Kenntnisse im Umgang mit Schraubenzieher und Drähten bei der Truppe erworben. Wenn er es einrichten kann, kümmert er sich zuallererst um die Anschlüsse der Soldatenfrauen, als fühle er sich noch einer gewissen Soldatenehre verpflichtet und sei noch Teil der kämpfenden Truppe.

In Marias Zimmer hängen überall Fotos von Gaetano. Gaetano am Meer. Gaetano beim Training in der Sporthalle. Gaetano, der ihr einen Kuss gibt. Ein Bild ist besonders hübsch und bringt mich zum Lachen: Gaetano hält Maria mit beiden Händen in der Luft wie eine Hantel, als wäre er ein Gewichtheber bei der Olympiade. Gaetano war nicht muskulös. Er hatte einen durchtrainierten Körper wie ein Boxer, aber in der Fliegengewichtsklasse. Und dann ist da ein Foto vor dem Kolosseum. Der klassische Ausflug nach Rom.

»Ja, das war kurz bevor er nach Afghanistan ging. Ich war zum erstenmal in Rom. Wir wollten uns Bonbonnieren als Geschenk für die Hochzeitsgäste anschauen, wir wollten nicht so was Gewöhnliches, sondern etwas Ausgefallenes, und dann hätten wir zu Hause ähnliche wie in Rom gesucht.«

Ihre Freundinnen, die, die auf die Universität gehen, meinten, es mache sich viel besser, statt Bonbonnieren Anstecknadeln von Emergency zu schenken. Auch die Leute von Emergency waren in Afghanistan, und Gaetano hätte vielleicht irgendwo in Kabul Gino Strada, dem bärtigen Leiter dieser Hilfsorganisation, begegnen können.

»Ich habe tatsächlich an diese Sache mit Emergency gedacht. Aber was hätten meine Verwandten dazu gesagt? Sie hätten doch mit diesem Schleifchen und der Anstecknadel gar nichts anfangen können, hätten sie doch zu Hause gar nicht in die Vitrine zu den anderen Bonbonnieren aller anderen Hochzeiten in der Familie stellen können. Vielleicht hätten sie sogar gedacht, meine Familie könnte sich nicht einmal Bonbonnieren für die Hochzeit ihrer Tochter leisten.«

Maria macht viele Pausen, wenn sie über diese Dinge spricht. Sie muss aufpassen, dass ihre Gedanken nicht abschweifen. Es ist gefährlich, zu oft schon hat sie sich in Erinnerungen verloren und keine Luft mehr bekommen, um weiterzusprechen. Sie fühlte sich erdrückt von dem, was alles nicht geschehen ist. Wie ein Fisch, den man aus dem Aquarium gezogen hat, an der Luft erstickt.

Es gelingt ihr, von dem Vormittag zu erzählen. Sie war mit den Bonbonnieren nach Hause gekommen, die sie selbst ausgesucht hatte, die aber genauso aussahen wie die, die sie mit Gaetano in Rom gesehen hatte. Das Hochzeitskleid hatte sie noch nicht gekauft, aber schon drei Modelle anprobiert, und eines gefiel ihr besonders.

»Mein Bruder ging ans Telefon, es war Gaetanos Mutter, und er rief nach mir. Er sprach noch mit der Signora, als er mir sagte, dass Gaetano verwundet

28

sei, dass die Taliban einen Lastwagen angegriffen hätten, einen Panzer, in dem Gaetano war. Aber Gaetano fuhr doch gar nicht mit Panzern, auch nicht mit Lastwagen, er hatte mir nie ein Foto geschickt, auf dem er in der Nähe eines Panzerfahrzeugs zu sehen war. Sie haben es mir gleich gesagt und deshalb bin ich nicht gleich erschrocken. Ich schluckte trocken, aber mein Bruder sprach immer noch mit Gaetanos Mutter, und deshalb dachte ich, dass es nicht so schlimm sein konnte. Ich hatte mir vorgestellt, dass dir die schlechten Nachrichten langsam beigebracht werden. Dass die Carabinieri zu Gaetanos Mutter kommen würden, und sein Vater würde dann meinen Vater benachrichtigen, und mein Vater würde mich dann ins Wohnzimmer holen wie immer, wenn es um etwas Schlimmes geht, und er würde zu mir sagen: ›Maria, ich muss mit dir reden.‹ Bis dahin hätte ich längst kapiert, dass etwas Schreckliches passiert war. Aber so war ich gerade dabei, meine Bonbonnieren aufzuräumen, als mein Bruder, der noch am Telefon war, es mir so beiläufig sagte. Wer hatte damit gerechnet? Ich bin nicht einmal gleich erschrocken. Wir haben den Fernseher eingeschaltet, aber nichts, wir haben im Internet gesucht … nichts, die Telefonnummern, die man uns gegeben hatte, und Gaetanos Freunde angerufen: Niemand wusste etwas, niemand sagte etwas. Die ersten Informationen kamen schließlich im Fernsehen, erst danach haben sie uns angerufen und gesagt, dass Gaetano in einem Panzerfahrzeug gesessen hatte, das außerhalb Kabuls auf eine Mine gefahren war. Die war hochgegangen, das Fahrzeug hatte sich überschlagen und einer war tot, aber Gaetano hatte überlebt.«

In Wirklichkeit explodierte das gepanzerte Fahrzeug nicht durch eine einfache panzerbrechende Mine, sondern durch eine ferngesteuerte Bombe. Die Taliban hatten gewartet, bis der italienische Konvoi vorbeikam, und ihn dann in die Luft gejagt. Drinnen saßen vier Soldaten. Das Fahrzeug überschlug sich, ging in Flammen auf und explodierte. Das Trommelfell der Männer platzte sofort, sie hörten nichts mehr. Gaetano hatte keine Beine mehr, von der Hitze kauterisierten die Wunden und die Oberschenkelarterie. Das Feuer verlosch sofort, so dass er noch mehr litt, denn das Fahrzeug war nun ein glühender Ofen, Blechteile durchtrennten wie fliegende Säbel, was ihnen in den Weg kam. Die Explosion hatte einen Soldaten gegen das Wagendach geschleudert und ihm sofort das Genick gebrochen, zwei andere blieben unverletzt, Gaetanos Körper hing halb im Panzer, halb außerhalb.

Die Taliban hatten den Konvoi in die Luft gejagt. Gegen die Sprengladung nützte die Panzerung nichts. Das Fahrzeug wurde von unten aufgerissen, und die Splitter schossen herein.

»Sie hatten uns gesagt, dass er durchkommen könnte, so hatten sie gesagt ...«

Im Ort hatten die Bewohner schon Spruchbänder für seine Begrüßung vorbereitet, die Angehörigen konnten kaum mehr das Haus verlassen, alle wollten Informationen, alle wollten wissen, wie es Gaetano ging.

»Sogar der Bankdirektor, der, der uns keine Hypothek hatte geben wollen, weil wir keine Sicherheiten bieten konnten. Auch wegen ihm hat sich Gaetano entschieden, Soldat zu werden, und ausgerechnet er kam immer zu meiner Mutter und sagte: Wegen der Hypothek für die jungen Leute können Sie auf mich rechnen, wenn der Hauptmann wieder zu Hause ist, kommen Sie einfach zu mir! Ich hätte ihm am liebsten ins Gesicht gespuckt, aber so etwas tut eine Frau nicht.«

Nach der Ankunft aus Kabul wurde Gaetano in Rom ins Krankenhaus gebracht. Hier im Ort wurde schon ein Fest vorbereitet, sogar mit Feuerwerk, und die besten Pyrotechniker der Gegend waren bereit, ganz ohne Bezahlung zu arbeiten. Es herrschte

Volksfeststimmung. Aber niemand kam heim. Gaetano war tot. Vielleicht war ihm nach dem Attentat nur noch die Luft für den letzten Atemzug in den Lungen geblieben, gerade so viel, dass in der ersten Verlautbarung stehen konnte, er sei nicht tot, dass es so aussah, als gebe es nicht allzu viele Tote an der Front. So ließ sich die Zahl der Toten strecken, einer nach dem anderen, nur einer pro Woche.

»Ich habe verstanden, dass er tot war, aus der Art, wie meine Mutter auf mich zuging. Sie hat mich umarmt, seit Jahren hat sie mich nicht mehr umarmt. Sie hat mich umarmt und mich gekämmt, denn sie weiß, wie langsam ich reagiere. Nach einer Weile habe ich angefangen, alles kaputtzumachen, was mir in den Weg kam, den Fernseher und die Bonbonnieren habe ich vom Balkon heruntergeworfen, nichts mehr sollte von Gaetano übrigbleiben. Auch die Sachen nicht. Auch ich nicht.«

Maria bestand darauf, dass sie ihn sehen wollte, ihn sehen musste, dass es ihr Recht war, ihn zu sehen. Aber sie wollten ihr seinen toten Körper nicht zeigen. Auch der Tod hat seine Regeln. Die Leiche eines Soldaten darf niemand anschauen, der die Grausamkeit des Krieges nicht kennt. Marias Familie wollte nicht, dass sie sich dem zerfetzten Körper näherte. Gaetano lag in einem römischen Militärkrankenhaus aufgebahrt. Wie alle Toten. In einem Raum, der mit seinen weißen Kacheln und dem Geruch von Desinfektionsmitteln Tausenden von Leichenhallen in Krankenhäusern glich. Es war wenig übrig von ihm, zu wenig. Gaetanos Bruder hatte ihn gesehen, um ihn zu identifizieren, hatte ihn aber nicht berühren dürfen, selbst ein Kuss auf die Stirn hätte das bisschen Haut gelöst, das an den Knochen klebte. Maria insistierte. Sie wollte ihn sehen, wollte ihm ein letztes Mal begegnen. So aber sollte sie ihn nicht sehen. Deshalb trafen sie eine Vereinbarung, von der Art, wie man sie einem Menschen abringt, der keine Kraft mehr hat, dem die Tränen in den Augen stehen und die Stimme versagt, der aber trotzdem nicht von seinem Vorhaben abzubringen ist. Gaetanos Bruder begleitete Maria in die Leichenhalle, hielt ihr aber die Hand vor die Augen. Eine Hand, die verhindern sollte, dass Maria auch nur für einen Augenblick die Lider öffnete. So hat er sie an den Tisch geführt, in Gaetanos Nähe.

»Ich weiß nicht, wie er zurückgekommen ist, ich habe nicht gesehen, wie sie ihn mir zugerichtet haben. Es war da ein scheußlicher Geruch, wie wenn die Haut eines Hühnchens verbrennt. Das war aber nicht sein Geruch. Ich habe gespürt, dass er da war, ich habe ihn dort gespürt, ganz nah bei mir. Ich habe gespürt, dass etwas von ihm überlebt hat. Es war, als hätte ich ein Zimmer betreten, in dem er war.«

Maria presste die Hand von Gaetanos Bruder so fest, dass sich ihre Fingernägel, so lang und gepflegt, wie es sich für eine Braut gehörte, tief in die Handfläche von Gaetanos Bruder eingruben. Der aber sagte nichts oder spürte es nicht.

Gaetano war mit der erklärten Absicht zum Militär gegangen, sich für eine Mission zu melden. Er trainierte nicht mehr in der Sporthalle, wo er zu den Besten gehört hatte. Man glaubt, man verdingt sich wegen des Geldes. Allzuoft wird dafür das Wort Söldner gebraucht. Söldner. Das klingt gut, kraftvoll, grausam und gerade kritisch genug. Es schwingt eine gewisse Romantik mit. Wer kämpft, sollte das nicht für Geld tun, sondern aus Vaterlandsliebe. Das ist wirklich zum Lachen. Wenn junge Männer hierzulande im Streit einen anderen Söldner nennen, ist das für sie keine Beleidigung. Denn es ist eigentlich unverständlich, warum ausgerechnet Soldaten als einzige nicht für Geld arbeiten sollten. Wer an den Missionen teilnimmt, verdient das Dreifache, manchmal sogar das Vierfache des normalen Soldes. Dazu kommt noch alles andere. Das andere ist die Möglichkeit, Erfahrungen zu sammeln, etwas zu tun, das einem Respekt verschafft, weil man sich für etwas engagiert. Man kriegt Ferien und ein dreizehntes Monatsgehalt, man gilt etwas und genießt Anerkennung, und man sieht etwas von der Welt. Einige wollen auch einfach wissen, was ein Krieg wirklich ist, wie es ist, wenn man schießt und auf einen geschossen wird. Eindringen, zuschlagen, sich der Gefahr aussetzen. Für viele aber geht es darum, möglichst schnell mit heiler Haut wieder zu Hause zu sein. Und mit ein paar Fotos.

Während Maria mir von ihrer blinden Begegnung erzählte, liefen ihr die Tränen über die Wangen. Aber dann hörte sie sofort auf zu weinen. Als ob sie beschlossen hätte, einen Damm gegen die Flut zu errichten, die in ihr aufstieg.

Ich habe sie zum erstenmal gesehen, als sie sich kniend über den Sarg warf. In der Kirche. Sie wirkte klein, kleiner, als ich sie jetzt vor mir habe. Und nun fällt es mir wieder ein. Um ihre Erinnerungen zu verdrängen, greift Maria zu einem Glas Wasser und beginnt zu trinken. Das Wasser rinnt ihr aus den Mundwinkeln. Alles an ihr wirkt auf eine stille Weise gierig. Der Hunger, der Durst, die Müdigkeit. Alles scheint ein Zeichen von Leben zu sein, Leben, das sich unter der Haut regt, wie ein Brennstoff, der sie daran hindert, zu verlöschen. Sich aufzugeben.

Maria macht eine schöne Geste, eine, die man nicht vergisst, wenn man sie aus der Nähe sieht und bei der einem das Blut in den Schläfen pocht. Auch meine Mutter hat es immer getan, wenn es heiß war. Eine Geste, die man auf dem Land macht. Man taucht die Finger in den Rest Wasser im Glas, nachdem man getrunken hat, und streicht sich damit genau zwischen den Brüsten über die Haut, wo der Schweiß kleben bleibt, als wollte man ihn wegspülen. Man tut es instinktiv, denn es ist genauso unmanierlich, wie wenn man den Finger in die Nase steckt oder sich einen Essensrest von den Zähnen kratzt. Und doch ist es völlig natürlich. In diesem Moment sehe ich die Erkennungsmarke, die Maria am Hals trägt. Kein Kreuz, kein Glücksbringer, kein Schutzengel und kein Heiliger und auch kein Rosenkranz. Statt dessen Gaetanos Erkennungsmarke. Vom Feuer und der Hitze deformiert. Mir kommt eine Szene von Gaetanos Beerdigung in den Sinn. Alle seine Freunde aus dem Sportstudio in den ersten Bankreihen hatten die Hände bandagiert. Keiner von ihnen ging nach vorne, um die Kommunion zu nehmen, nur die alten Frauen stellten sich an. Alle jungen Männer dagegen, Soldaten und Zivilisten, Kriegsheimkehrer und Kriegskameraden, nahmen diesen Anhänger in die Hand. Alle hatten diese Erkennungsmarke. Sie zogen sie aus dem Halsausschnitt hervor und nahmen in dem Augenblick, in dem der Priester die Hostie reichte, ihre metallene Hostie in den Mund. Ich schaute mich um. Da nahm ich auch meine Marke und biss drauf. Auch ich trage sie immer, mir kommt vor, seit ich auf der Welt bin. Auf der Erkennungsmarke stehen mein Vor- und Nachname, Geburtsort und -datum, die Blutgruppe und ein lateinischer Satz von Terenz. Alles, was man braucht, um mich zu identifizieren, um zusammenzufassen, was ich bin, trage ich in schriftlicher Form um den Hals. Fast alle, die ich kenne, haben die um den Hals baumelnde Biographie aus Metall. Es scheint eine Rappermode zu sein, ein Erkennungszeichen der Jugend der Vorstädte, eine Provokation, ein Ausdruck des andauernden Kriegszustands in den Metropolen. Als wollten sie damit zeigen, dass auch sie Soldaten sind, wenn auch ohne Heer. Eigentlich ist die Erkennungsmarke ein wesentliches Element, um mein Land, meine Heimat und meine Landsleute zu verstehen. Salvatore, einer meiner Klassenkameraden in der Grundschule, wurde nur anhand seiner Erkennungsmarke identifiziert. Salvatore arbeitete als »Begleitschutz« für die Lastwagen, die bis unters Dach mit Kokain oder Haschisch vollgestopft sind.

Um eventuelle Straßensperren umgehen zu können, werden diese Lastwagen fast immer von zwei Autos begleitet, die Straßensperren oder Polizei und Carabinieri melden. Vor einer Kontrolle verlässt der Lastwagenfahrer dann die Autobahn und fährt bei der nächsten Auffahrt wieder drauf. Wenn das nicht möglich ist, nimmt man einen Wagen, der hierzulande die »Schrottkiste« genannt wird, das heißt, ein altes Auto, das in einiger Entfernung hinter dem Laster herfährt und im Notfall so verkehrswidrig auf die Straßensperre zurast, dass es angehalten wird, während der Laster unbehindert durchfahren kann. Salvatore war der Fahrer einer Schrottkiste. Er war berühmt geworden, weil er, wenn er an einer Kontrolle nicht angehalten wurde, nicht aufgab, sondern absichtlich andere Autos anfuhr und Unfälle verursachte, so dass die Straßensperre aufgelöst werden musste und alles in einer Massenkarambolage endete. Es ging nicht gut aus für Salvatore. Nachdem er absichtlich auf einen Jeep aufgefahren war, kam er von der Straße ab. Der Wagen fing Feuer, aber nicht ganz, und so verbrannte er langsam, während der Motor in Flammen stand und der schwarze Rauch ins Wageninnere drang. Als die Feuerwehr kam, war Salvatore vollkommen verkohlt, aber er konnte sofort identifiziert werden,

weil er die Erkennungsmarke trug. Auch er, so wie
alle anderen. Vor- und Nachname, Geburtsort und
-datum und die Blutgruppe. Auf der Rückseite der
Name seiner Verlobten. Ein Zusatz zu seiner metal-
lenen Biographie. Längst suchen Ärzte, Feuerwehr-
leute und Polizisten immer gleich am Hals nach der
Kette, so müssen sie nicht in den Taschen nach Aus-
weispapieren kramen oder den Sterbenden nach seinem Namen fragen. Und wenn sie die Marke nicht
finden, ist das, als stünden sie einem naiven jungen
Mann gegenüber, einem, der keinen Helm getragen
oder sich unvorsichtigerweise in vermintes Gelände
gewagt hätte. Die Erkennungsmarke ist ein alber-
nes, unpraktisches Ding. In der Kälte erschrickt
man bei jeder Umarmung, wenn das kalte Blech die
Haut des anderen berührt, im Sommer klebt die
metallne Briefmarke mit dem Schweiß an der Brust,
und beim Sex hängt sie über dem Gesicht des Mädchens oder fällt ihr sogar in den Mund. Alle meine
Freunde haben mir ihre Erkennungsmarke mit den
angeblichen Bissspuren ihrer Geliebten gezeigt: So
genau ich auch hinschaute, habe ich nie mehr als
winzige Kratzer gesehen. Jeder Kratzer stamme – so
prahlen sie – vom Eckzahn einer anderen Frau.

Die Erkennungsmarke ist ein Zeichen, das Kennzeichen für ein Land im Kriegszustand. Für ein

Land, von dem sich ein Teil im Kriegszustand befindet, aber das Land weiß es nicht. Sie ist das Kennzeichen für Männer, die an unterschiedlichen Fronten umkommen, verbrennen wie Salvatore oder aber wie Gaetano.

Während wir miteinander sprechen und ich Maria meine eigene Erkennungsmarke zeige, um meine Betroffenheit zu überspielen, steht sie plötzlich auf und holt ein buntes Kleid aus dem Schrank, um es mir zu zeigen. Unter all den schwarzen Kleidern und aus dem Halbdunkel des Schranks stechen die Farben heraus wie eine direkt ins Gesicht gerichtete Taschenlampe. In drei Tagen hat Maria Geburtstag. Das Kleid, das sie dann anziehen wird, ist das, welches sie am Tag des Eheversprechens anziehen wollte. Ich merke, dass ich nicht weiß, wie alt sie genau ist. Ich hatte sie einfach immer als jung eingeschätzt. Jetzt frage ich sie direkt: »Wie alt bist du?«

Maria schaut mich an, schluckt. Vielleicht ist sie in den letzten Monaten nicht danach gefragt worden: »Siebzehn, in drei Tagen werde ich achtzehn.«

Ich glaube, nicht richtig gehört zu haben.

»Siebzehn.«

Gaetano war vierundzwanzig. Soldaten haben fast nie ein genaues Alter. Wenn sie nicht als grausam oder als Mörder gelten, sind sie einfach nur jung. Wenn aber der Jugend durch einen Eintrag im Melderegister plötzlich ein Ende gesetzt wird, dann sind vierundzwanzig Jahre sogar für einen Kriegsfreiwilligen sehr wenig, der nach Afghanistan gegangen ist, um Geld für seine Hochzeit und als Anzahlung für eine Hypothek zu verdienen. Und wenn man das Alter ausspricht, dann kommen das Geschehen, die Uniform, die Pflicht, das ferne Land plötzlich in greifbare Nähe, rücken einem direkt auf den Leib. Durch dieses »Siebzehn«, so ausgesprochen, wie man eben sein Alter nennt, fühle ich mich wie gegen eine Glaswand gestoßen, die ich beim Gehen nicht gesehen habe, weil sie durchsichtig ist. Dieses Mädchen, von dem ich fand, es sehe aus wie ein Kind. Sie war noch ein Kind. Sie ist noch ein Kind. Eine Kinderwitwe. Eine Braut in Weiß. Siebzehn Jahre alt. Ich habe das Gefühl, vor etwas Heiligem zu stehen. Vor irgendeinem archetypischen Bild, das die Tragödie bewahrt und sie in jeder Epoche wiederholt. Die kleinen Mädchen, die Witwen von kleinen Soldaten wurden. Kleine Witwen, die unberührbar wurden, weil hinter ihnen immer der Geist ihrer Bräutigame wachte. Ich hatte sie vor Augen. Doch auch wenn einige Gestalten existieren, denen man in Fleisch und Blut begegnen kann, ist es doch nicht wahr, dass sich nichts ändert und es keinen Unterschied zwischen Vergangenheit und Gegenwart gibt. Maria selbst demonstriert es mir. Wir verlassen erneut die Wohnung, und sie führt mich in die Bar im Erdgeschoss ihres Mietshauses. Hier verkehren lauter Kriegsheimkehrer. Die Bar hat ein ehemaliger Fallschirmspringer der Folgore eröffnet. Er war in Somalia gewesen, wo er in irgendwelche Geschichten von Fotos verwickelt wurde, auf denen die Soldaten Schildkröten unter die Ketten von Panzern legten. Danach verschwand er und hinterließ die Bar seiner Frau. In der Bar steht Tommaso am Videopoker. Er war in Bosnien und hasst die Soldaten aller anderen Missionen. Sein ganzes Geld steckt er in Videopoker, verliert meistens, aber gewinnt immer gerade so viel, dass er noch einen Grund hat, weiterzuspielen. Maria will, dass ich mit ihm spreche oder ihn wenigstens kennenlerne. Tommaso gehört zu denen, die voller Wut im Bauch heimgekehrt sind und seither keine Ruhe finden.

»Bei den jetzigen Einsätzen kommen sie in Feriendörfer. Als wir an die Front kamen, ist unsere Scheiße beim Kacken im Freien gefroren, es gab keine Parabolantennen, wir schickten Postkarten an unsere Familien. Jetzt gibt es Fitnessräume, Internet, sie lassen sie nie aus den Kasernen. Was wissen die von Sarajevo, vom Bulevar Mese Selimovica,

besser bekannt als Boulevard der Heckenschützen?
Die hätten sich doch in die Hosen gemacht. Was
wissen die von den MRUD-Minen oder von der
PROM-1? Die wissen gar nichts. Heute führen sie
Paraden vor, wir haben noch wirklich Krieg ge-
führt.«

Tommaso hasst die anderen Veteranen wirklich,
die nicht wie er in Bosnien waren. Dauernd kommt
es zum Zoff mit irgendeinem Soldaten, der von ir-
gendeiner Mission kommt, am meisten hasst er die
Heimkehrer aus dem Irak, weil sie Nassirya haben,
Symbol für das Blutbad und Mahnmal für die Opfer. Er will, dass man sich an seine Kameraden erinnert, als ob andere Massaker als die, die er erlebt hat,
weniger zählen würden. Tommaso hat Alpträume.
Maria würde ihm gern helfen, aber Tommaso lässt
niemanden an sich heran. Die anderen sagen, er
träume immer noch von den Razzien in den Häu-
sern von Sarajevo, wo goldene Armbanduhren aus
den Schubladen hingen. Wenn man die Schublade
öffnete, flog alles in die Luft. Es war eine Falle, die
Schublade war mit einer Mine verbunden. Vor Tom-
masos Augen wurde ein Soldat zerfetzt. Ein Junge,
dem er den Befehl gegeben hatte, die Uhr zu holen.
Aber das sind nur die Geschichten, die andere über
ihn erzählen. Tommaso spricht mit niemandem über

seine Träume. Das einzig Offensichtliche an ihm ist seine an Hypochondrie grenzende Angst vor Krankheiten. Er wartet nur darauf, bis er an der Reihe ist, aber er ist sicher, dass es ihn früher oder später erwischt. Tommaso hat schreckliche Angst, missgebildete, kranke Kinder zu bekommen wegen des abgereicherten Urans. Das geht so weit, dass er keine Kinder bekommen will und seine Frau die Scheidung verlangt hat. Maria provoziert ihn, weil sie will, dass er seine Wut herauslässt und der Schmerz auf seinem Gesicht zu sehen ist.

»Wie viele Tote hat es gegeben von all deinen –«

»Es ist schlimmer als der Tod. Bis jetzt sind es mehr als neunzig, viele sind schon tot, vierundzwanzig sind an Kehlkopfkrebs gestorben, einundzwanzig haben es an den Eiern und zwanzig das Hodgkin-Lymphom. Am liebsten würde ich mein Gedächtnis verlieren. Wie viele Tote also? Mehr als in Nassirya oder mehr als in Bosnien und im Kosovo?«

Tommaso war mit Gaetano befreundet, aber das hat Maria erst vor kurzem erfahren.

»Es ist komisch, aber ich habe gemerkt, dass ich wenig von Gaetano weiß. Sie haben mir nichts gelassen, weil sie uns keine Zeit für Erinnerungen, keine Zeit für eine Vergangenheit gelassen haben.

Wir hatten nur das, was uns passiert ist, sonst nichts. Nachdem sie ihn mir genommen haben, ist mir alles genommen worden. Irgend jemand hätte mir sagen müssen, dass es immer so ist. Dass ich noch gar nichts hatte … aber ich war gerade dabei, etwas zu haben. Und gerade, als ich es haben sollte, wurde es mir genommen.«

Maria sind Stöße von Glückwunschkarten und Einladungen zur Hochzeit geblieben, ihr bleiben Pläne und Vorstellungen für ein Leben, das nie Realität werden kann.

»Von all den Jahren, in denen wir zusammen waren, bleibt mir wenig; ich weiß, dass er morgens gern frisch gepressten Orangensaft trank, und wenn er in Villa Literno Aprikosen pflücken ging, war es ihm abends schlecht, weil er sie kiloweise gegessen hatte. Ich weiß, dass er ein Fan von Pietro Aurino, dem Boxer aus Torre Annunziata, war und sich zu jedem Kampf von Lastwagenfahrern mitnehmen ließ, die mit seinem Vater befreundet sind. Ich weiß, dass er gern mit mir geschlafen hat und dass er wegwollte, aber hier konnten wir eine Wohnung kaufen, und hier sind alle unsere Verwandten. Ich weiß, dass er sich genierte, mir vor seiner Familie einen Kuss zu geben. Ich weiß, dass es mir gefiel, wenn er mir aus lächerlicher Eifersucht Vorwürfe machte, denn

45

wenn mich zu viele Jungs anstarrten, hieß das, dass
ich etwas Verkehrtes anhatte. Ich weiß von den Fotos, die er mir aus Kabul geschickt hat, dass ihm die
Märkte gefielen, dass die Leute dort alles andere als
aggressiv waren, er schrieb mir, dass er mich früher
oder später nach Afghanistan mitnehmen wollte
und dass in Kabul alle den Krieg satt hatten und nur
in Frieden leben wollten wie sie. Er schrieb, dass er
nicht erwartet hatte, ein so schönes Land vorzufin-
den, dass man fast Lust kriegte, dorthin zu ziehen
und die zu verfluchen, die das Land so ruiniert haben. Ich weiß, dass er für mich die Berge fotogra-
fiert hat. Er erzählte mir, dass er, wenn er alles satt
hatte, überall Ruhe finden konnte. Das ging hier zu
Hause ja nie. Vieles weiß ich aber noch nicht, vieles
muss ich noch erfahren, muss ich noch entdecken,
verstehen und lernen über ihn.«

Sie weiß noch nicht. Als ob Gaetanos Leben noch
weiterginge und nicht zu Ende wäre. Als ob noch
Zeit wäre. Maria ist davon überzeugt, dass das, was
Gaetano war, weiter existieren kann.

»Erinnerst du dich an Carmela?« fragt sie mich,
aber ich kann mich trotz angestrengten Nachden-
kens nicht an ein Mädchen dieses Namens erinnern. Dann fällt es mir plötzlich ein: »Wenn die
Liebe das Gegenteil von Tod ist«. Das hat Sergio

Bruni in »Carmela« gesungen, einem der schönsten Lieder überhaupt. Diese Worte des alten Sängers aus Villaricca stellen unzählige Verse hochgepriesener Dichter in den Schatten. Maria ist davon überzeugt, Gaetano festhalten und dem Tod entreißen zu können. Dadurch, dass sie ihn weiterhin liebt. Eine Eurydike im umgekehrten Sinn, die Orpheus nur dann, wenn sie ihn nicht aus den Augen lässt, aus dem Hades herausführen kann. Eine Eurydike, die sich nicht ablenken lassen und den Blick auch nicht einen Moment lang von Orpheus abwenden will.

Das Wort Liebe auszusprechen ist peinlich. Die Zunge versagt den Dienst, als wäre sie es leid, das altbekannte, ewig gleiche Wort aufzusagen. Als wäre es ein allzu bekannter Klang. Ein Singsang, auf dessen Inhalt keiner mehr achtet, oder ein Gebet, dessen Sakralität sich ganz vom Inhalt gelöst und zum bloßen Ritual geworden ist.

Doch es gibt einen Moment, an dem ein von zu vielen Mündern heruntergeleiertes und von zu vielen achtlosen Händen abgegriffenes Wort wieder zu seiner ursprünglichen Reinheit zurückfindet. Man weiß nicht genau, warum, und man könnte den Weg nicht zurückverfolgen, um den Vorgang zu wiederholen. Es geschieht einfach.

Als ich Maria diese Liedzeile summen hörte, schien mir, als habe sie mir die Lehre erteilt, die ich in weiter Ferne gesucht hatte, am Grund von Fässern voller Wörter und in der Metaphysik philosophischer Theoreme, und dabei lag sie hier vor mir, einfach und klar. Und jedesmal, wenn ich jetzt etwas nicht verstehe, jedesmal, wenn ich den Sinn von etwas nicht begreife, fällt mir Maria wieder ein, wie sie mir sagte, was sie alles noch über Gaetano erfahren müsse, und wie sie sich auf der Schwelle ihres Hauses von mir verabschiedete, als habe sie es plötzlich eilig. Und ich weiß wohl, was die Wahrheit der Liebe ist, die, welche unser ganzes Wesen hört und begreift: *das Gegenteil von Tod.*

Der Ring

Als ich zum erstenmal ein Mädchen aus dem Norden mit in meinen Heimatort nahm, spürte ich meine Hände. Ich holte das Mädchen am Bahnhof ab. Während ich wartete, hatte ich dieses Kribbeln, gegen das angeblich nur eine Ohrfeige hilft. Ich musste mir andauernd die Innenfläche mal der einen, mal der anderen Hand kratzen. Wohl aus Nervosität. Vielleicht wirklich nur deshalb. Als sie aus dem Zug stieg, lud ich sie auf meine Vespa, um sie so schnell wie möglich wegzubringen, bevor sie merkte, wo sie ausgestiegen war. Ich glaube nicht, dass ich mich jemals für den Ort geschämt habe, an dem ich aufgewachsen bin, aber wenn man jung ist, bildet man sich manchmal ein, man könne sich bestimmte Orte und hier sogar bestimmte Plätze und an diesen Plätzen auch noch die besonderen Momente aussuchen, die man auskosten will, und die meiden, die man nie erleben möchte.

Ich wollte möglichst schnell an die Orte, die für

mich sehens-, bewunderns- und erlebenswert waren. Ans Meer, wo man, den Beton im Rücken und ohne sich umzudrehen, den Blick schweifen lassen konnte. Zu den Büffelkälbern, die noch vor dem Sommer zur Welt kommen und bei deren Geburt die Kühe muhen, als fluchten sie vor Schmerz. Und dann das Kälbchen, dessen Fell noch feucht ist von der Plazenta und an den Umhang des Zauberers im Märchen erinnert, unter dem man glaubt, in eine Nacht unbekannter Welten verschwinden zu können. Um diese Orte, Momente und Dinge zu erleben, die man als schön empfand, musste man sich konzentrieren und versuchen, alles andere zu ignorieren.

Ich gab Gas, als könnte ich dadurch alles Hässliche zum Verschwinden bringen. Vor lauter Schüchternheit umfasste das Mädchen nicht meine Hüften, sondern suchte Halt am Sitz, ja, sie schob ihre Zeigefinger in die Schlaufen meiner Jeans. Sie war ein Mädchen aus dem Norden und verstand nicht, dass diese Geste für einen wie mich, der über Cassino noch nie hinausgekommen war, mehr bedeutete, als wenn sie sich einfach nur an mir festgeklammert hätte. Wir gelangten in den Ort, und ihr fielen die Blumensträußchen auf, die in vielen Ecken und Winkeln aufgestellt waren. Und dazu noch ein paar

Grablichter in Fußhöhe. Ich hätte ihr gern erklärt, was das zu bedeuten hatte, aber ich wollte sie nicht erschrecken. Es kam mir unpassend vor zu sagen, dass sie die Stellen bezeichneten, wo jemand von Kugeln durchsiebt, erledigt, aus dem Weg geräumt worden war. Ich ließ sie im Glauben, dass man auch bei uns zu schnell fuhr. Dass man auch bei uns an einem Baum zerquetscht werden konnte.

Ab und zu tauchte irgendwo eine Gedenktafel auf. Das Mädchen kam aus einer Stadt, wo es Widerstand gegen den Faschismus gegeben hatte, und als sie von weitem diese Tafeln sah, fragte sie mich: »Partisanen?« Sie wusste nicht, dass es hier so gut wie keinen Widerstand gegeben hatte, dass der Krieg ein endloses Massaker an der Zivilbevölkerung gewesen war und dass die Deutschen vor ihrem Rückzug Dörfer und Häuser durchkämmt und die Bewohner abgeschlachtet hatten. »Ja, Partisanen«, antwortete ich. Als Junge war ich sehr geschickt darin, bestimmte Geschichten zu vertuschen. Vielleicht führte deshalb, als ich älter wurde, dieses ewige Runterschlucken zu einem chronischen Brechreiz, so dass ich die Geschichten irgendwann bei jemandem abladen musste. Aber genaugenommen hatte ich ihr instinktiv fast die richtige Antwort gegeben. Der Süden ist voll mit solchen Erinnerungstafeln für Gefallene, auch wenn sie in einem anderen Widerstandskampf ihr Leben gelassen haben. Einem Widerstand, der schwieriger zu beschreiben ist, weil er nicht gegen Invasionstruppen, nicht gegen faschistische Schlägertrupps und nicht gegen ein Regime gerichtet ist, das man stürzen will. Es ist ein Widerstand, der sich nicht einmal *gegen* etwas richtet. Es genügt, dass man nicht *dabei* ist, um zu fallen – wie im Krieg, als die Bombenangriffe und Vergeltungsmaßnahmen der Deutschen im Süden mehr zivile Opfer forderten als in den Gebieten, wo gegen sie gekämpft wurde.

Aber ich war glücklich an diesem Tag. Glücklich, weil ich jemanden hatte, den ich zur Hochzeit eines entfernten Cousins mitnehmen konnte; man hatte darauf bestanden, dass ich hinging. Ich zog mich rasch um, während sie im Zimmer nebenan wartete. Allerdings sperrte ich die Tür ab und hoffte, sie würde das Geräusch des Schlüssels im Schloss, das ich mit einem künstlichen Husten zu übertönen versuchte, nicht hören. Ich bewachte sie wie ein Wesen, das man nur beschützen konnte, indem man es einsperrte. Auf dem Weg zur Kirche, wo die Hochzeit stattfand, waren aller Augen auf dieses Mädchen gerichtet. Seitenblicke, die einfangen und klar und deutlich sagen wollten: Wenn du keinem gehörst, kannst du dem gehören, der beschlossen hat, dass du ihm gehörst. Blicke, die nicht verführen, nicht einmal Neugier wecken, sondern sich gleichsam austoben wollen; die sich nur deshalb mit dem Schauen begnügen, damit keiner vortreten und Rechenschaft fordern kann. Blicke, die auf ihre Kosten kommen wollen wie eine Hand im Bus, die, verborgen unter einem über den Arm gelegten Jackett, ein Knie oder ein Handgelenk berührt, was manchmal penetranter sein kann, als wenn man regelrecht betatscht wird.

Blicke, die sich auf das Mädchen hefteten und sie zwangen, woandershin zu schauen, nach oben oder auf den Boden, auszuweichen jedenfalls und dabei noch mehr zu schwitzen: als würden diese aufdringlichen Blicke den Raum verengen und die Luft in der Kirche verdichten. Das Mädchen war unbesetztes Territorium, ohne es zu wissen, und ich fand keine Worte, ihr zu sagen, dass es so war. Es gelang mir, sie in eine Seitenkapelle zu schieben. Und dann suchte ich die Hände sämtlicher Großmütter und Tanten, sämtlicher Mütter und Schwestern, Cousinen und weiblichen Hochzeitsgäste ab. Ich musste einen Ehering finden. Schließlich griff ich unvermittelt nach der Hand meiner Tante, die sich über diesen seltsamen Gefühlsausbruch wunderte, und versuchte, ihr den Ring abzuziehen. Doch er steckte seit so vielen Jahren an ihrem Finger, dass er einfach nicht runterwollte. Es half weder heftiges Ziehen noch Weihwasser. Schließlich rettete mich die Weisheit meiner Großmutter. Sie nahm den Finger in den Mund, speichelte ihn ein und zog den Ring mühelos ab. Dann lief ich zur Kapelle zurück, griff nach der Hand des Mädchens und streifte ihr den Ring über. Zuerst wirkte sie befremdet, ja erschrocken, dann schaute sie mich honigsüß an, als hätte ich ihr ein Geschenk gemacht. Sie hatte nichts begriffen. Ich hatte ihr einen Schutzschild angelegt. Aber auch diesmal verzichtete ich auf eine Erklärung.

Seither mache ich es immer so. Als müssten die Menschen, die ich am meisten liebe, durch ein Symbol, einen Ring geschützt werden, der allerdings nur noch in manchen Gegenden der Welt ein Schutzschild ist: eine Hand ergreifen und sie mit einer Geste schützen. Und um mich selbst zu schützen, fing ich als Junge an, mir Ringe an die Finger zu stecken. Einen links, zwei rechts, wie ich es bei den Killerkommandos der Clans gesehen hatte. Damit konnte ich meine Mutter aufziehen und ärgern. Drei Ringe wie der Vater, der Sohn und der Heilige Geist. So machte man es bei uns, und so mache ich es auch. Es hat nichts zu sagen. Es ist ein Teil von mir, ohne dass es mir bewusst ist. Es gehört zu meinen Fingern. Jahre nachdem wir uns weder sahen noch voneinander hörten, habe ich das Mädchen aus dem Norden wiedergetroffen. Sie trägt jetzt einen anderen Ring am Finger. Den echten, der ihr im richtigen Augenblick übergestreift wurde, nicht hastig und verstohlen. Einen Ring, der weder schützt noch tarnt, sondern allenfalls etwas klarstellt. Oder womöglich nichts weiter besagt, als dass er aus Gold ist. Sie war Journalistin geworden oder so etwas Ähnliches. Während ich sie beim üblichen Gang durch dieses höllische Terrain begleite, zieht sie ein Foto aus der Tasche und zeigt es mir. Ein Foto, das einzige, von jenem merkwürdigen Tag. Aber sie zeigt es mir nicht, um mit mir in Erinnerungen zu schwelgen. Das Mädchen aus dem Norden, die Frau aus dem Norden, die inzwischen Journalistin ist, deutet auf zwei Jungen, Giuseppe und Vincenzo, und sagt: »Sie wurden umgebracht, weil sie bei der Camorra waren, oder?« Offenbar erinnert sie sich an die beiden von der Hochzeit her. Sie erinnert sich an ihre Gesichter.

Wut kommt in mir hoch, urplötzlich, und ich weiß nicht, ob ich sie beherrschen kann. Ich hätte ihr eine kräftige Ohrfeige geben mögen, eine, die etwas zurücklässt, etwas, das aussieht wie ein Son-

nenbrand, aber die Wut schnürt mir die Kehle zu,
und ich kann nicht antworten, ich bringe kein Wort
raus. Sie hat die beiden von der Hochzeit her in Erinnerung, sie erinnert sich, aber sie weiß nichts, sie
weiß gar nichts über sie. Die Nachricht von ihrem
Tod und ein paar telefonisch eingeholte Informationen haben ihr genügt, sie zu verurteilen. Viel Zeit ist
vergangen, seitdem sie getötet wurden. Oder vielleicht ist gar nicht so viel Zeit vergangen, aber es
gibt Ereignisse, die man gern vergessen, von denen
man nicht einmal ein Detail in Erinnerung behalten
möchte. Aber das Gedächtnis verfügt nicht über
diese Fähigkeit, jedenfalls meines nicht. Es gibt
Orte, an denen geboren werden schuldig werden
bedeutet. Der erste Atemzug und der letzte Schnup-
fen sind ein und dasselbe. Sie bedeuten Schuld. Es
spielt keine Rolle, von welchen Absichten du dich
hast leiten lassen, es spielt keine Rolle, was für ein
Leben du geführt hast. Und noch weniger zählt der
Gedanke, der zwischen deinen Schläfen zuckt, und
noch viel weniger die Zuneigung, die du vielleicht
in der einen oder anderen alltäglichen Stunde emp-
funden hast. Was zählt, ist allein, wo du geboren
bist, was in deinem Personalausweis steht. Diesen
Ort kennen nur die, die dort wohnen, denn die
Schuldigen kennen einander. Alle schuldig, alle frei-

gesprochen. Wer nicht dort wohnt, der kennt diesen
Ort nicht.

Es war September, genauer gesagt, der 28., ein
Abend, an dem die Kälte auf sich warten ließ, ein
verlängerter Sommer, der sich fast bis in den No-
vember hineinzog. »Für diese Wärme werden wir
bezahlen, der Winter wird eisig kalt!« sagt eine
Stimme hinter dem Tresen der Bar. Eine schäbige
kleine Sportbar, in die man einkehrt, um die alt-
bewährten Getränke und nagelneue Coupons für
Fußballwetten zu kaufen. *A' bullett', la bolletta,* der
Wettschein. Setzen, spielen, endlich eine große
Summe gewinnen und glauben, dass man wenigstens einmal in seinem Leben etwas Ordentliches
geschafft hat. Aber diese Summe gewinnt man nie,
man gewinnt winzige Beträge, fortlaufende Dosen,
verabreicht, damit man weiterspielt. Und du merkst,
dass das, was du gewinnst, nur die Hälfte der Hälfte
deines Einsatzes über all die Jahre ausmacht.

Vor dieser kleinen Bar, in der alle Arnone-Limonade trinken, weil es die heimische Marke ist und
weil jemand will, dass hier nur Arnone-Limonade
verkauft wird, liegt eine Piazza. Alles spielt sich auf
dieser Piazza ab. Zur selben Zeit, immer dieselben
Gesichter. Alle sind hier, auf ihren Mofas, auf den
Mäuerchen. Joints, Bier, Palaver. Gelegentlich eine

Schlägerei. Fast alle sind miteinander verwandt, sie stammen aus drei, vier verschiedenen Familien, alle vom selben Blut, gemeinsame Erinnerungen, dieselbe Schulklasse. Und dann gibt es die Neuen, die Kinder von Zuwanderern oder von Einheimischen, die Zuwanderer geheiratet haben. Tatsächlich ist dies hier ein afrikanisches Dorf. Nicht wegen des Klimas, nicht wegen irgendwelcher exotisch anmutenden Architektur, sondern wegen der Leute, die hier leben. Die Mehrzahl der Bewohner sind afrikanische Zuwanderer. Keine Maghrebiner. Die meisten sind Nigerianer, Senegalesen, viele von der Elfenbeinküste, einige aus Sierra Leone, nicht wenige aus Liberia. »Früher waren es noch viel mehr!« sagt dieselbe Stimme hinter dem Tresen der ausgesprochen schäbigen Sportbar. Ja, mehr. Von zehn Personen, denen man im Ort begegnete, waren neun Afrikaner und einer ein Einheimischer. Diese Rechnung stimmte aber nur, wenn man von der Hautfarbe ausging. War dieser eine ein Pole, dann waren alle zehn Zuwanderer.

Dieser Ort hätte eine kulturelle Fundgrube sein können, konzentriert auf wenige Quadratmeter. Halb Afrika tummelte sich hier auf den Straßen und machte sich auf den Tomatenfeldern den Rücken kaputt, für siebentausend Lire pro Stunde. Heute

60

für fünf Euro. Die Einheimischen behandelten die Afrikaner keineswegs gemein, sie begegneten ihnen nicht mit Verachtung, im Gegenteil. Irgendwann fing es mit gemeinsamen Festen an, feierte man die eine oder andere gemischte Hochzeit. Schwarze Mädchen kamen als Babysitter ins Haus. Mit der Zeit aber streuten die Mächtigen, die wirklich Mächtigen, Misstrauen unter die Leute und säten Angst, dann verordneten sie die Trennung. Kontakte, soweit nötig, sollten auf ein Minimum begrenzt sein, oberflächlich, kurzlebig. Jeder für sich, und das Geld ganz allein für sie.

An jenem Abend sind sie zu fünft. Zu fünft trinken sie ein paar Limos, kippen ein paar Bier. Francesco, Simone, Mirko, Giuseppe und Vincenzo. Sie unterhalten sich. Sie kennen sich schon ewig, vielleicht vom Sehen, vielleicht waren sie auch zusammen auf der Schule, gerieten auf dem Fußballplatz aneinander, bei den Spielen der Mannschaft von Villa Literno. Oder waren zusammen bei der Musterung. Sie reden, lachen, rülpsen. Mailand, Turin, Rom. Geographische Entfernungen spielen keine Rolle mehr, wenn die Jungs drauflosreden. Keiner will hierbleiben, denn sie spüren die Schuld. Sie werden älter und spüren instinktiv, dass sie schuldig sind, weil sie hier an diesem Ort leben. Wer nicht weggeht, ist ein Gescheiterter. Sie wollen Geld verdienen, aber Giuseppe und Vincenzo wissen, dass sie sich vor dem vierzigsten Lebensjahr von ihrer Arbeit nicht werden ernähren können. Giuseppe, fünfundzwanzig, ist Schreiner. Er ist talentiert, er hat ein Geschick für Möbel, ein geborener Kunsttischler. In seiner Werkstatt jedoch ist er immer noch ein Bürschchen. Er verdient kaum etwas, und wenn er lange genug malocht hat, wird man ihm am Ende tausend Euro pro Monat geben. Vincenzo ist vierundzwanzig und arbeitet als Maurer. Hier wird die Arbeit *fatica* genannt, Mühsal. Wenn du nicht schwitzt, wenn du abends nicht mit schweren Beinen, trockenem Mund und leerem Magen nach Hause kommst, hast du nicht gearbeitet.

Vincenzo ist kein besonders guter Maurer. Vorerst muss er mischen. Er mischt Zement, rührt ihn mit Wasser an. Einmal kam er mit dem Meister zu mir nach Hause, um die feuchte Wand in einem Zimmer neu zu verputzen. Er sah ein Buch da liegen, *Der Arbeiter* von Ernst Jünger, und fing darüber zu witzeln an – mit einer Intelligenz, die ich bei ihm nicht erwartet hatte: »Also, ich könnte auch ein Buch mit so einem Titel schreiben, aber auf jeder Seite würde dasselbe stehen: Hier ist alles immer gleich.«

62

An diesem Abend auf dem kleinen Platz redeten sie wie immer über sehr viel weniger und über sehr viel Schlimmeres. Irgend jemand schleicht schon seit einiger Zeit um ihre Clique herum. Francesco fühlt sich beobachtet. Francesco ist einundzwanzig, er macht Karriere bei denen, die das Sagen haben. Er arbeitet für den Tavoletta-Clan, den Clan hier in der Gegend. Er dealt, und er dealt auch da, wo er es eigentlich nicht tun sollte, aber dafür betrachtet ihn der Clan als ernstzunehmendes Mitglied, so jung er ist. Er verdient tausendzweihundert Euro pro Woche. Gelegentlich arbeitet er auch als Fahrer. Er wagt sich als Dealer in das Territorium der Bidognetti, Feinde der Tavoletta. Francesco albert herum, lacht, trinkt sein drittes Bier, nimmt den zehnten Zug vom Joint. Aber er ist unruhig.

Mirko und Simone sind Freunde. Simone ist Giuseppes Bruder. Sie waren die ersten, die auf der Piazza herumstanden und geredet haben, die anderen sind später dazugekommen. So formieren sich die Grüppchen. Eine Bewegung in Wellen, ein Kommen und Gehen. Auch Simone arbeitet in der Schreinerei. Er ist zwar nicht so begabt wie sein Bruder, aber weil er einunddreißig ist, bekommt er einen höheren Lohn und anspruchsvollere Aufgaben zugeteilt. Er montiert den jungen Ehepaaren die Möbel zusammen und flucht unablässig auf Ikea, das den Geschmack ruiniert hat und den Leuten für fünfhundert Euro eine komplette Wohnungseinrichtung liefert, so dass die frischgebackenen Ehefrauen nicht mehr ihre eigenen Wunschvorstellungen verwirklichen, für die sie einen Schreiner brauchen, was diesem wiederum sein Einkommen garantiert. Aber seitdem die Clans ihr Land an Ikea verkauft haben, wo das größte Einrichtungshaus Europas entsteht, fangen sogar sie mit dem Ausverkauf ihrer Schreinereien an und machen aus ihren Möbelwerkstätten Autowerkstätten.

Mirko ist arbeitslos. Sein Vater wird eine Stelle für ihn finden, vielleicht in Formia. Schon der Name Rom, so dahingesagt, versetzt ihn in Aufregung. Er ist einunddreißig und hat bisher als Kassierer im Supermarkt gearbeitet. Doch dann haben sie einen aus dem Tschad genommen, der arbeitet doppelt soviel für den halben Lohn. Aber Mirko ärgert sich nicht. Er nimmt es gelassen. »Es ist der richtige Zeitpunkt zu gehen«, sagt er zu allen, die ihn trösten wollen. Sie reden und reden, es ist Sonntag. Morgen geht wieder die Arbeit los, verdammt. Aber sie reden und reden immer weiter. Francesco holt einen gerollten 100-Euro-Schein heraus. Er ist stolz.

Er werde früher als die anderen heiraten und seine Hochzeit in Sorrent feiern, sagt er. Die anderen lachen, sie beneiden ihn, aber sie wissen auch, woher das Geld kommt. Die vier halten sich von den Clans fern. Zu gefährlich, zu anstrengend. Francesco nicht. Währenddessen schleichen diese anderen Typen immer noch hier rum. Diesmal hat Francesco kapiert. Er versucht sich mit einem flüchtigen Abschiedsgruß davonzumachen. Vincenzo, Giuseppe, Mirko und Simone verstehen nicht.

Es sind drei, und schon seit Stunden liegen sie hier auf der Lauer. Jetzt kommen sie auf die Gruppe zugerannt, ziehen ihre Pistolen, die Jungs suchen das Weite, Francesco vorneweg. Die drei Typen haben erweiterte Pupillen, sind zugeknallt mit Koks. Sie arbeiten für die Bidognetti, den rivalisierenden Clan, und sollen Francesco bestrafen. Sie laufen, laufen, laden. Sie schießen zwei Magazine leer. Smith & Wesson. Um mit so schweren Waffen ein Ziel zu treffen, muss man schon Scharfschütze sein. Sonst macht man leicht einen Höllenlärm und schießt trotzdem daneben. Die Jungs laufen, flüchten aber ausgerechnet in eine Sackgasse. Wenn sie über die Mauer klettern, die einen kleinen Park von der Straße trennt, sind sie gerettet. Francesco sucht mit den Füßen Halt in den Feldern, wo die Steine herausgebrochen sind, und ist schon oben. Noch wenige Sekunden, dann hat er es geschafft. Die Killer geben sieben Schüsse auf ihn ab. Nur einer erwischt ihn am Schlüsselbein, aber er merkt es nicht einmal. Wenn man eine Kugel aus nächster Nähe abbekommt, kauterisiert die Wunde sofort, und vor lauter Angst spürst du gar nichts. Erst später, unter der Dusche, wenn das heiße Wasser das Blut aus der Wunde sickern lässt, merkst du etwas. Francesco lässt sich auf der anderen Seite der Mauer zu Boden fallen. Gerettet.

Mirko und Simone sehen aus wie gelenkige kleine Pinocchios. Sie rennen atemlos, können nicht rechtzeitig abbremsen und schlagen mit dem Gesicht gegen die Mauer. Sie krallen sich noch mit den Fingernägeln am Tuffstein fest, um sie zu erklettern. Fünf Schüsse werden auf sie abgefeuert. Mirko wird von einem Streifschuss am Unterbauch, Simone am Ellbogen getroffen. Hautabschürfungen, mehr nicht. Sie klettern über die Mauer. Sind gerettet. Jetzt ringen auch die bekoksten Killer nach Luft und versuchen hinaufzuklettern, aber sie rutschen immer wieder ab. Sie hören die Jungs auf der anderen Seite wegrennen. Die Leute haben die Polizei gerufen. Doch mit leeren Händen können die Killer nicht zurückkehren. Vincenzo und Giuseppe sind nicht in Richtung der Mauer gerannt. Sie klopfen an viele Türen. Sie wissen nicht, warum sie angegriffen werden.

Niemand öffnet ihnen. Obwohl jeder die Söhne von Rosetta und von Paola kennt, zwei Frauen, die allen im Ort bekannt sind, macht ihnen niemand auf. Sie haben sie auf der Piazza aufwachsen sehen. Aber sie öffnen nicht. Sie wissen nicht, was jetzt, da sie groß sind, aus ihnen geworden ist. Die beiden schlagen an die Türen. Zwei Rentner öffnen. Nur zwei. Sie kennen Giuseppe, ja, sie nennen ihn Peppino. Er hat ihnen schließlich den Einbauschrank gebaut, als ihre älteste Enkeltochter geheiratet hat. Sie öffnen, die beiden treten ein. Die alten Leute geben ihnen ein Glas Wasser zu trinken und rufen die Carabinieri. Sie beruhigen sie, versuchen herauszubekommen, was geschehen ist an diesem Ort, den sie gut kennen. Gern hätten sie gesagt, dass sie ihn nicht mehr wiedererkennen, dass er jetzt ganz anders ist als in ihrer Jugend. Aber sie erkennen ihn sehr wohl wieder. Hier ist es immer so gewesen. Früher war es vielleicht sogar noch schlimmer. Das Klischee von den Alten, die klagen, früher sei alles besser gewesen, löst sich hier kläglich in Luft auf. Wenige Minuten später wird erneut an ihre Tür gehämmert. Mit den Füßen und dem Schaft von Pistolen. Die Jungs brüllen: »Was wollt ihr? Wir haben nichts damit zu tun!«

Die Killer der Bidognetti aber müssen Francesco bestrafen, und nun, da er entwischt ist, müssen sie die Strafe an jemand anderem vollstrecken, stellvertretend für Francesco. Auch wenn es nicht Francesco trifft, die Bosse betrachten die Bestrafung einer ihm nahestehenden Person, eines Bekannten, eines anderen aus demselben Ort oder einer Person, mit der er gerade gesprochen hat, als absolut gleichwertig. Die Bidognetti werden auch die »Mezzanotte« genannt, weil sich über ihre militärischen Aktionen die schwärzeste Nacht herabsenkt. Die drei treten die Tür ein, die Jungs versuchen, durch das Küchenfenster zu fliehen, aber die Killer verstehen ihr Handwerk, sie sind stinkwütend. Wenn sie mit leeren Händen zurückkehren, bekommen sie möglicherweise monatelang keinen Lohn, und sie haben Familie. Also packen sie Vincenzo an den Locken, der Junge stürzt rückwärts zu Boden. Dann reißen sie seinen Kopf hoch wie bei einer Ziege, die man schlachten will, aber sie zielen ins Genick, direkt über dem Kragen. Mit einem Fußtritt befördern sie den leblosen Körper unter den Tisch. Giuseppe versucht zu entkommen, indem er verzweifelt gegen die Wände des kleinen Zimmers anrennt.

Sie erledigen ihn mit vier Schüssen in den Bauch. Er stürzt in die Blutlache unter dem Tisch. Die beiden Alten rühren sich nicht. Sie schreien nicht. Stumm wappnen sie sich, das Haus zu verlassen, um den Carabinieri zu sagen, dass sie das Blutbad nicht miterlebt und nichts gesehen hätten. Als wäre auch das etwas, zu dem verurteilt ist, wer an einem Ort der Schuldigen geboren wurde. Die Killer hören die Sirenen. Anders als den beiden Opfern gelingt ihnen die Flucht durchs Küchenfenster, das auf den Park hinter der Mauer geht. Es ist der einzige Fluchtweg. Für alle. Die Carabinieri kommen in die Küche. Die beiden Jungen liegen unter dem Tisch. Auf der Tischdecke eine geschälte Mandarine und ausgespuckte Kerne, eine Flasche Fragolino ist zu Boden gefallen, der Wein hat sich über Vincenzos Locken ergossen. Der violette Fleck auf der Tischdecke ist kreisrund.

Auf einer Piazza gestanden zu haben und aus Angst weggelaufen zu sein, ohne zu wissen, wer einen verfolgt und warum. Das war Vincenzos und Giuseppes größte Schuld. Ermordet. Unschuldig. Ein Tod, über den am nächsten Tag in keiner überregionalen Zeitung berichtet wurde. Auch nicht in den Fernsehnachrichten oder im Rundfunk. Stumm die Linken, die Rechten, die Mitte. Alle stumm. Sie sind geboren im Land der Schuld. Sie hätten nicht behaupten können, sie seien unschuldig. Das Mädchen aus dem Norden, ich hätte sie hierherbringen, ihr die Piazza zeigen und die Geschichte dieser Jungen erzählen sollen. Aber ich starre nur auf ihre Finger und halte meine Wut in den Händen fest, die jucken wie vor all den Jahren am Bahnhof. Der Ring, den ich ihr an den Finger gesteckt hatte und der längst durch diesen neuen, größeren und schöneren ersetzt wurde, diente ihr nicht als Schutzschild, im Gegenteil: Er hat mich, uns, diese Gegend, diesen Ort unsichtbar gemacht. So ist es für gewöhnlich, so passiert es immer. »Die beiden waren nicht bei der Camorra«, möchte ich ihr antworten, »sie waren Partisanen.« Das wäre vielleicht phrasenhaft, aber wirkungsvoller als eine Ohrfeige. Und doch würde sie auch diesmal nichts begreifen.

Giuseppes Mutter verbringt seither den ganzen Tag auf der Straße. Sie sitzt auf einem Stuhl neben der Sportbar und fragt jeden, dessen Blick den ihren kreuzt: »Könntest du Giuseppe sagen, er soll rauskommen? Er kommt abends immer so spät nach Hause. Und morgen muss er arbeiten.« Und der Angesprochene antwortet: »Ich werd's ihm sagen« und geht schnell weiter. Die Frau blickt den Schritten nach, solange ihre kurzsichtigen Augen etwas erkennen oder bis dieser Jemand um eine Ecke verschwunden ist. Dann dreht sie langsam den Kopf zurück, senkt ihn und wartet weiter.